中国古代
军事典籍

吉林出版集团有限责任公司
吉林文史出版社

◎ 主编 金开诚

◎ 编著 王丽晶

图书在版编目（CIP）数据

中国古代军事典籍/王丽晶编著. —长春：
吉林出版集团有限责任公司，2011.4(2023.4重印)
ISBN 978-7-5463-4980-0

Ⅰ.①中… Ⅱ.①王…
Ⅲ.①军事－著作－简介－中国－古代 Ⅳ.①E892.2

中国版本图书馆CIP数据核字(2011)第053376号

中国古代军事典籍

ZHONGGUO GUDAI JUNSHIDIANJI

主编/ 金开诚 编著/王丽晶

项目负责/崔博华 责任编辑/崔博华 邱 荷

责任校对/邱 荷 装帧设计/柳甫泽 张红霞

出版发行/吉林出版集团有限责任公司 吉林文史出版社

地址/长春市福祉大路5788号 邮编/130000

电话/0431-86037503 传真/0431-86037589

印刷/天津市天玺印务有限公司

版次/2011年4月第1版 2023年4月第5次印刷

开本/660mm×915mm 1/16

印张/9 字数/30千

书号/ISBN 978-7-5463-4980-0

定价/34.80元

前　言

　　文化是一种社会现象，是人类物质文明和精神文明有机融合的产物；同时又是一种历史现象，是社会的历史沉积。当今世界，随着经济全球化进程的加快，人们也越来越重视本民族的文化。我们只有加强对本民族文化的继承和创新，才能更好地弘扬民族精神，增强民族凝聚力。历史经验告诉我们，任何一个民族要想屹立于世界民族之林，必须具有自尊、自信、自强的民族意识。文化是维系一个民族生存和发展的强大动力。一个民族的存在依赖文化，文化的解体就是一个民族的消亡。

　　随着我国综合国力的日益强大，广大民众对重塑民族自尊心和自豪感的愿望日益迫切。作为民族大家庭中的一员，将源远流长、博大精深的中国文化继承并传播给广大群众，特别是青年一代，是我们出版人义不容辞的责任。

　　本套丛书是由吉林文史出版社和吉林出版集团有限责任公司组织国内知名专家学者编写的一套旨在传播中华五千年优秀传统文化，提高全民文化修养的大型知识读本。该书在深入挖掘和整理中华优秀传统文化成果的同时，结合社会发展，注入了时代精神。书中优美生动的文字、简明通俗的语言、图文并茂的形式，把中国文化中的物态文化、制度文化、行为文化、精神文化等知识要点全面展示给读者。点点滴滴的文化知识仿佛颗颗繁星，组成了灿烂辉煌的中国文化的天穹。

　　希望本书能为弘扬中华五千年优秀传统文化、增强各民族团结、构建社会主义和谐社会尽一份绵薄之力，也坚信我们的中华民族一定能够早日实现伟大复兴！

目录

一、《孙子兵法》

（一）《孙子兵法》的作者

　　《孙子兵法》是我国历史上著名的军事典籍，作者是孙武。

　　孙武，字长卿，春秋末期齐国乐安（今山东惠民县）人，被后世誉为"兵圣"。孙子据传为陈国公子陈完之后。当时陈国内乱，陈完逃奔齐国，受到齐桓公的赏识，后来改姓田。由于陈完颇有才干，很快使田氏家族在齐国站稳了脚跟。齐景公时，孙武的祖父田书伐莒有功，景公赐姓孙。

春秋战国时期，战乱不断，这为孙武研究兵法创造了有利条件。再加上齐国本为著名军事家姜子牙的封地，留下了很多宝贵的军事遗产。在这种环境的影响下，孙武研读兵法，并在他 25 岁时写成军事大作《孙子兵法》。齐国"四姓之乱"，即田氏联合鲍氏击败了齐国另外两大氏族栾氏和高氏后，孙武逃奔到吴国，他的功绩也大多建立在吴国。孙武刚到吴国时，吴国已经成为楚国的属国，但是吴王一直想富国强兵，经常向中原学习养兵之道。伍子胥听说孙武隐居在

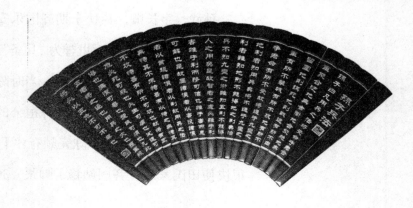

吴国，曾七次向吴王推荐。在伍子胥的推荐下孙武携其兵法去见吴王阖闾，并向吴王讲述其中十三篇的内容，得到了吴王的赞赏。

孙武不仅是一个军事理论家，也是一个有实干才能的军事指挥家。吴王看孙武才能出众，精通兵法，想测试他的实战能力，就请孙武训练他的后宫嫔妃。孙武于是将一百八十个宫娥分成两队，选取最受吴王宠爱的两个嫔妃为队长，并向她们强调战场的纪律。宫娥们

根本没把这些当回事，有说有笑地并不听从指挥。孙武不沉着地说："纪律没讲清楚是将军的过错，下面我再将纪律重申一遍。"可是嫔妃们还是嘻嘻哈哈，一点也不严肃。这时孙武严肃地说："纪律没讲清楚问题在于我，但是讲清楚你们却不执行，就是你们的过错了。"接着他问执法官："按照军法，不听从指挥应该怎样处置？""斩！"执法官说。于是孙武下令将两个队长斩首示众，杀一儆百。吴王一看自己的宠妃要被问斩，连忙求情说："我已经知道你的才能了，这两个人是我最宠爱的妃子，你就饶了她们吧！"

孙武说："将在外，军命有所不受。"于是杀了这两个嫔妃，然后又任命两个宫女作队长，这一次所有人无不言听计从。训练完毕，请吴王检阅，吴王没精打采地说："算了，你回去休息吧，我不想再看了。"孙武回答说："没想到大王只是喜欢兵法，并不想应用。"吴王听后，立刻对孙武以礼相待，并任命他为大将。从此孙武和伍子胥辅助吴王主持吴国军事。

孙武和伍子胥在吴国功绩显赫，《史记·伍子胥列传》中记载他们辅佐阖闾期间"西破强楚，北威齐晋，南服越人"，

在吴国逐渐强大的过程中，孙武功不可没。

（二）《孙子兵法》的地位及影响

《孙子兵法》是世界上保存的最早的军事典籍，也是最有影响的一部。《孙子兵法》一经产生就受到了关注。它问世不久，适逢争霸最为激烈的战国时代，这为《孙子兵法》的流传提供了条件。很多军事家都收藏《孙子兵法》，并把其中的理论应用到实际的战斗中。在《孙子兵法》的影响下，孙武的后人孙膑撰写出另一本著名兵书《孙膑兵法》。此外，《孙子兵法》之后的许多军事著作如《吴子》《尉缭子》等都有借鉴它的地方。

由于《孙子兵法》中阐述了经典的军事理论，后世便有很多人为它作注。三国时的曹操是最早为《孙子兵法》作注的人。曹操之后，李荃、杜牧、陈

皞、贾林、孟氏、梅尧臣、王皙、何延
锡、张预等人也为《孙子兵法》作过注
释。直至今天，仍有很多军事家将其视
为瑰宝，仔细研读。《孙子兵法》不仅在
国内久负盛名，在国外也早已扬名四海。
日本、法国、英国等地都有它的翻译版。
迄今已有十一种语言的译本流传于世界。
美国军事家约翰·柯林斯曾说过："孙子
是古代第一个形成战略思想的伟大人物，
他的大部分观点在我们当前的环境中仍
然具有和当时同样重大的意义。"

　　《孙子兵法》受到如此的关注，是
因为其中蕴含很多战争规律，介绍了战

争制胜的道理，并能以辩证的眼光看待战争。从《孙子兵法》中我们可以找到很多对立统一的观点。如得失、胜败、安危、患利、强弱、迂直、虚实、奇正、敌我、多寡、静哗等。《军争篇》中说："故善用兵者，避其锐气，击其惰归，此治气者也。以治待乱，以静待哗，此治心者也。以近待远，以逸待劳，以饱待饥，此治力者也。无邀正正之旗，勿击堂堂之陈，此治变者也。"今天我们对《孙子

兵法》的研究不应只从作者的军事思想
出发，我们也应看到孙武的外交策略和
政治思想，甚至他严谨的逻辑思维都值
得我们学习。

（三）《孙子兵法》的内容

　　《孙子兵法》共十三篇，其中包括：
计篇、作战篇、谋攻篇、形篇、势篇、
虚实篇、军争篇、九变篇、行军篇、地形篇、
九地篇、火攻篇、用间篇。下面就将各
部分的内容向大家简单介绍一下。
　　1. 计篇

孙子认为战争是国家的大事，关系到国家的生死存亡，是不可以不考虑的。所以要从五个方面分析敌我形势。一是"道"，二是"天"，三是"地"，四是"将"，五是"法"。"道"指的是让民众与君主的意愿一致；"天"指的是阴晴寒暑，春夏秋冬；"地"指的是作战地形；"将"指的是将帅的文韬武略，赏罚分明；"法"指的是军队的编制，军需的管理。这五个方面需要将帅了解。用兵以诡诈为原则，将帅应该懂得如何隐藏自己，掌握以小利引诱敌人，敌人气势汹汹的时候不去和他们正面冲突，而要在其毫无防备时进行突击。在开战之前要作充分准备，谨慎部署战略，胜算才会更大。

2.作战篇

孙子认为善于用兵的将军不会再三征集兵员，粮秣不多次运输，武器从国内取用，粮秣从敌国争取，可以减少运输的舟车劳顿，以免军力耗竭。要不断

激发战士的气势，懂得如何奖赏有功之
人，优待俘虏。用兵作战贵在速战速决，
不可旷日持久。将帅在战争中掌握着民
众的生命，掌握着国家的安危。

3.谋攻篇

孙子认为战争中使敌人完整地屈服
好于强攻；使敌人全军地归顺好于打败
他们。因此百战百胜并不是最成功的，
最成功的战斗应该是不动一兵一卒，而
使敌人屈服。所以，上策是挫败敌人的
谋略，其次是打败敌人的外交，再次是
以武力取胜，最下策是攻城。所以，善
于用兵之人不用交战，而靠谋略取胜。
有十倍于敌军的力量要包围他；有五倍
于敌军的力量要进攻他；有两倍于敌
军的力量就要分散他；如果双方兵力相
当，就要设法战胜他们；不足敌军的兵
力，就要逃离他；不能与敌军抗衡就要
避免交锋。国君可以从三个方面危害军
队：第一，不了解军情而控制进退；第二，

不了解军队的内政而干涉；第三，不懂得用兵之道而进行指挥，使士兵疑惑。所以胜利不仅要靠充分了解敌情，还要懂得兵法。所以说，了解敌人，知己知彼，才能百战百胜；不了解敌人，只了解自己，有一半的胜算；如果既不了解敌人，也不了解自己，每战必败。

4. 形篇

孙子认为从前打胜仗的人总是先创造使自己不败的条件。自己可以保证不被敌人打败，但不能保证一定可以战胜敌人。因此胜败可以预知但不能强求。如果我们不能打败敌人，就要加强防御；如果我们可以战胜敌人，就应该采取进攻。善于防守的人可以隐藏得让别人发现不了；善于进攻的人，有不可预测的行动,使人无法防备。古人所谓善战的人,是打败那些较易战胜的敌人,所以他们没有智谋的名声,也没有表现出他们的英勇善战。所以善战者总是使自己立于不败之地,又把握敌人的每个疏漏。用兵之道在于：度、量、数、称、胜。根据地形揣度如何利用它；根据地形的判断,得出战场容量；根据战场容量部署兵力；根据双方的兵力进行衡量对比；根据对比可以知道有多少胜算。所以胜利的一方有绝对的优势,这就是强大的军事实力。

5. 势篇

孙子认为管理大的部队和小的部队

道理是一样的。统领全军应该灵活掌握"奇正"（奇正指的是古代军队作战的变法和常法）的问题，军队进攻敌人，像以石击卵，是"以石击虚"的问题。作战是用正兵交战，以奇兵取胜。所以善于出奇取胜的将领，他的战术是无穷的。战士不过是奇正两种，但是变换起来却是千变万化。优秀的将领，所训练的军队的战势是险峻的，但在作战时快慢有节。在混乱的战场，指挥不乱；混沌之中，四面八方部署得应付自如。敌乱产生于我治，敌怯产生于我勇，敌弱产生于我强。善战的人，能选择贤才创造有利于己的气势，而不苛求部下。因此所造之势，如石头滚于八千仞山崖之上，不可抵挡。

6. 虚实篇

孙子认为凡是先到达战场的一方总是从容的，后到达战场的一方却是慌乱的，因此善战的人总是能牵动敌人的行动。善于进攻的人，使敌人无法防守；

善于防守的人，使敌人不知如何进攻。
我若想战，敌人不得不战；我若不战，
敌人无法攻破我军防线，这就牵动了敌
人的行动。所以，使敌人暴露企图，而
我军隐藏得很好，就能够使我军兵力集
中，而敌军兵力分散，这样我军就可以
以众敌寡了。所以如果了解敌情，就可以
和他们交战，即使他们的兵力很强，也
可以使他们不能得以发挥。认真分析敌
军的优劣，佯动示形以了解敌军的虚实，
高明的伪装可以让敌人无法掌握我军的
情况。所以每次战争要保证使用的战术
不同，避开敌人的优势，攻击他的薄弱
之处，如流水一般，令人捉摸不透。

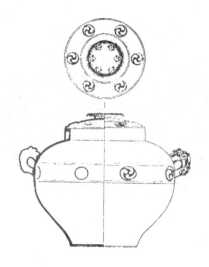

7. 军争篇

　　孙子认为用兵的法则中最难的就是
两军争夺制胜的条件。而军争中最难的
就是如何化不利为有利。因此使用"迂
直之计"，以小利引诱敌人，可以使我军
提前到达战场。用兵要以诡诈多变为原

则，根据敌情集中或分散兵力。所以部队行军时快时慢，进攻时强时弱，行动之前应做好充分的谋划，先懂得"以迂为直"的方法就能胜利。《军政》中说："战场上因为语言指挥听不到所以设鼓，因为看不清，所以设旌旗。"这样能使将士听从指挥，步调一致。所以夜间作战用火光和鼓声，白天多用旌旗，是为了适应战士的视听。善于用兵的人总是避开敌人的锐气，而等到敌人松懈的时候才攻击他。以己之治待敌之乱，以己之静待敌之哗，以己之近待敌之远（离战场的远近），以己之逸待敌之劳，以己之饱待敌之饥。敌人占领高地不要仰攻，敌人假装败逃不要追击，不食敌人的诱饵，不拦撤退之军，不逼绝境之兵。

8.九变篇

孙子认为军队出征在难于通行的地方不应驻扎；在四通八达的地方结交邻国；在弹尽粮绝之地不可久留；在地形

险阻的地方要灵活谋划；在进退不得之处要殊死奋战；有的路不宜走；有的城不宜攻；有的地不宜争；有的命令不宜受。将帅如果能理解"九变"，就掌握用兵之道了。将帅有五种弱点：有勇无谋、贪生怕死、急躁冒进、廉洁好名、只知爱民。这五点是将领的错误，必须要知道。

9. 行军篇

孙子认为凡是驻兵都喜欢高而朝阳的地方；凡是遇到险地就尽量避开他，而让敌人接近他。时刻观察周边的环境，以免敌军来犯，根据周边环境的变化来判定敌情。兵力不是越多越好，只要不草率冒进，保持兵力的集中，将帅能够取得部下的信任就可以了。那些轻举妄动的人必定会成为敌人的俘虏。将帅在未取得部下的依附时不要轻易惩罚他们，而在取得部下信任后要严格执法，这样才能军纪严明，士卒才能服从命令。

10. 地形篇

地形分为通、挂、支、隘、险、远六类。敌我可以互相交通的地形叫通，在通地应先占据高而向阳的地方，有利于粮食的运输，对交战有利。有去难回的地形叫挂，在挂地敌人若无防备可以取胜，若有防备则容易失败。对于敌我出击都不利的地方叫支，在支地最好假装离开诱使敌人出军至中途，然后攻击。在隘地，如果我军先占领，就要用足够的兵力守住隘口；如果敌军先占领，有重兵把守时不攻，无重兵把守时突击。在险地，如果我军先占领，就要占高而朝阳的地方等待敌人出击；如果敌军先我军占领，

就先撤退而不去攻打。在远地，双方势均力敌，不要强战，否则对我军不利。这些需要将领慎重考虑。军事上有走、弛、陷、崩、乱、北六种情况，这不是天灾，而是由于将领的指挥失误造成的。一个高明的将领懂得判断敌情，考察地形。如果知道必胜的，即使君主要求停战，也可以坚持；如果不能取胜，即使君主要求打，也可以撤退。胜利不在乎功名，失败不怕受罚，只是为了保全军队，保卫国家，这才是国之栋梁。如能爱兵如子，就会得到战士们的共赴生死；如果过于包庇，就会使战士难以管制。了解敌人，了解自己，就可以争取到胜利；了解天时，了解地利，就可以争取不断的胜利。

　　11. 九地篇

孙子认为用兵之法有散地、轻地、争地、交地、衢地、重地、圮地、围地、死地九种。诸侯在自己的领地与敌作战，这样的地区叫散地；在进入敌境不深的地方叫轻地；谁先占有对谁有利的地方叫争地；敌我双方都可以到的地方叫交地；敌我与其他诸侯接近的地区，可以寻求支援的地区叫衢地；深入敌国的地区叫重地；山林、沼泽等难行的地区叫圮地；进退两难，易受敌人袭击的地区叫围地；迅速奋战则生，否则死的地区叫死地。散地不宜作战；轻地不宜久留；争地不宜强攻；交地军队各部要保持联系；衢地适宜结交邻国；重地适宜掠夺财物；圮地应迅速行军；围地应仔细谋划；死地则应冒死拼搏。善于用兵的人能使将士上下不一，阵容不整。用兵之道贵在神速,打敌人一个措手不及。深入敌境，无路可退，战士就会拼死一搏。上下一心，奋勇抗敌，要靠指挥得当。统领全军要

深谋远虑，时常变化战术，使战士无法
琢磨你的意图。待命出征，就要义无反
顾。根据不同地区，采用伸缩不同的战术，
还要随时关注战士的心理。

用兵的原则：在散地要统一意志；
在轻地要保证军队内部紧密联系；在争
地要迅速迂回到敌后；在交地要谨慎防
守；在衢地要巩固与诸侯的关系；在重
地要保证军粮充足；在圮地要迅速通
过；在围地要堵塞缺口；在死地要表现
誓死的决心。当士卒被形势逼得无路可
走，就会听从指挥，军心一致。霸王之
兵，要了解诸侯的计谋，掌握地理形势，
还要了解"九地"的内涵。

12. 火攻篇

孙子认为火攻分为五种：一是焚烧
敌军的军马；二是焚烧敌军的粮草；三
是焚烧敌军的辎重；四是焚烧敌军的仓
库；五是焚烧敌军的运输设施。准备火
攻要具备一定的条件，点火器具要准备

妥当，还要依靠天时和风向。进行火攻有五种方法：从敌人内部防火，要及早派兵从外接应。火起后，敌军如保持镇定，则不要贸然挺进。等火势最旺的时候，可以视情况进攻。如果火是从外放的，就不用等待内应了。火在上风放，不可以从下风进攻。白天的风刮的时间长，晚上的风时间短。这五种方法要灵活掌握。用火或水配合进攻可以使气势更加强大。贤明的君主除了懂得如何扩张，还要懂得巩固战果，将帅的行动要以国家利益为首，不可随心所欲。

13. 用间篇

孙子认为凡是兴师十万，耗资巨大的战争，如果不懂得贿赂间谍，及时了解敌情，是不仁道之举。优秀的将领之所以容易战胜敌人，主要在于事先了解敌情。而了解敌情一定要从能够获取情报的人那里得到。间谍有五种：因间、内间、反间、死间、生间。对这五种间

谍，综合使用，就可以使敌人无法了解
到我军的规律。因间指的是用敌方普通
人作间谍；内间指的是收买敌国的官吏；
反间指的是利用敌方在我方的间谍为我
方效力；死间指的是将假情报散播出去，
让我方间谍得知后告诉敌方，往往可以
置其于死地；生间指的是从敌营中活着
回来报告消息的间谍。使用间谍要小心，
不是睿智的人不要使用间谍，不可靠的
人不能从间谍那获取情报，走漏风声的
人要处死。凡是要进攻的敌军，要攻打
的城池，要杀的官员等都要让间谍侦查
清楚，还要靠我方间谍侦查出我军内部
的间谍，并使其为我所用，这样因间也
就为我所用了。从反间那里得知敌情，
让因间传到死间那里，在使其散布出去。
从反间那里得知敌情后，可以使生间回
来报告。所以，君主必须明白要善待间
谍，贤能的将领如果用睿智的人作间谍，
一定会大功告成的。

二、《吴子》

（一）《吴子》的作者

《吴子》一书的作者是战国初期的政治家、军事家吴起。吴起，约生于公元前 440 年（周考王元年），卒于公元前 381 年（周安王二十一年），卫国左氏（今山东曹县）人。与春秋末期著名军事家孙武齐名，历来被人们并称为"孙吴"，有人称他为"盖世英才"。

吴起出生于富裕的家庭，自幼聪颖

好学。父亲早逝，吴起由母亲一人抚养成人。母亲出身于书香门第，为人豁达、开明，这深深影响了吴起。青年时期的吴起就有远大的理想，但苦于没有施展的机会。为了功名，他不惜花掉重金，结果却遭到拒绝，而且受到乡邻的讥讽。一气之下，他与母亲诀别，发誓不做卿相，不回卫国。于是，他逃奔到鲁国。拜于儒学大家曾子门下。不久，其母亲过世，而此时的他还没有卿相之名，就没有回去奔丧，这引来了老师的不满，与他断绝了师生关系。离开曾子后，他刻苦研究兵书，侍奉鲁穆公。后赶上齐国攻打鲁国，鲁穆公听说吴起善于用兵，便想任他为将军，但吴起的妻子是齐国人，鲁穆公觉得吴起不可靠。吴起听说之后，杀死了妻子，以表示他对鲁国的衷心。于是鲁穆公任命他为大将统领鲁军，使吴起正式登上了军事舞台。吴起为鲁国立下了赫赫战功，而鲁穆公听信了小人的谗言，辞退了吴起。

离开鲁国后，吴起来到了魏国。魏国的魏文侯是贤明的君主，求贤若渴。吴起经李悝的推荐，被任命为大将。据记载，吴起在军营中，与战士同吃同住，行军中绝不独自骑马，自己的粮食自己背，因此受到了士兵的拥护，是一位爱兵如子的好将军。有一次，他部队中的一名战士生了毒疮，他用嘴把脓血吸出来。后来士兵的母亲得知后，不禁痛哭起来。大家都很奇怪为什么她不感谢将军，反而哭呢？老人说当年吴起曾为她的丈夫吮吸毒疮，结果他奋勇杀敌，战死沙场。如今将军为她的儿子吮吸脓血，她怕自

己再失去个儿子。魏文侯看到吴起善于用兵，就将他调到西河地区，这里易受到攻击，而且较难防守。吴起到任后立刻实行改革，赏罚分明，言必信，行必果，屡建奇功，成为当时著名的军事家，也因此遭到了不少上层统治者的嫉妒。文侯去世后，武侯即位。尤其是在公叔痤任相之后，他一直想铲除吴起，就联合自己的妻子魏公主欺骗武侯，使武侯对吴起产生怀疑，慢慢疏远他，吴起怕惹祸上身，于是离开了魏国，投奔楚悼王。

楚国曾经称霸中原，但到了战国时期，统治阶级的腐朽使楚国日益走向衰败。楚悼王即位后，大权掌握在昭、景、屈三大奴隶主手里。为了维护自身的权力，楚悼王一心寻求改革之路。听说吴起来到了楚国，他便设宴招待，拜他为国相。从此吴起在政坛上大展拳脚。他首先裁定官员，废除授爵制度，扩充兵力。改革不到几年，楚国国力大大增强。南胜百越，北吞陈、蔡，西伐秦国，击退韩、赵、魏三国的进攻。由于他的改革，使许多王公贵族受到了牵连，因此，很多人图谋害他。楚悼王死后，怀恨在心的人联合追杀他，他无处可逃，就跑到了楚悼王的寝宫，伏在悼王的尸体上被乱箭射死。肃王即位后，彻查此事，捉拿乱党，共有七十余人被处以极刑。

吴起将军，戎马一生，屡建奇功，不仅是著名的军事理论家，还是优秀的

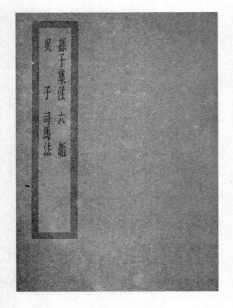

军事指挥家，他的卓越才能是值得肯定的。但是他年轻时期的杀妻求将、母死不葬引起了众多非议。他一向主张"内修文德，外治武备"，然而对待自己的亲人，他却没有实现他在政坛上的道义，也给他的一生蒙上了阴影。

（二）《吴子》的地位及影响

《吴子》继承了《孙子兵法》的思想，对当时的战争进行了透彻的分析，提出了自己的军事主张。在《汉书·艺文志》中记录《吴子》共 48 篇，现已失传。今天我们所见的《吴子》是后人根据吴起的军事思想整理出来的。《吴子》问世以后，曾经风靡一时，成为秦汉时期许多军事家必读的经典。宋元年间，《吴子》被纳入《武经七书》之中。

《吴子》不仅在国内久负盛名，其影响也早已流传海外，得到各国军事家的重视。仅在日本，有关他的著作就有六十多部。后来法国、英国、俄国等都出现了它的译本。他将自己的军事思想记录其中，对后世有极其深远的影响。

（三）《吴子》的内容

《吴子》共分：图国、料敌、治兵、论将、应变、励士六篇，被西方人称为是"无价的真理"。

1. 图国

吴起认为君主要想治理国家，必须

先教诲百姓，亲近百姓。有四种不和睦的情况：国内意志不统一，不能对外出兵；军队内部不和睦，不能布阵；阵型内部不统一，不能作战；战场上不和，不能取得胜利。所以，贤明的君主都是先使民众和谐统一。并且参考天时，才能使军队上阵杀敌。圣人用道安定天下，用义治理国家，用礼教化民众，用仁安抚百姓。这四德，施行好就可以使国家兴盛，否则就会衰落。治理军队，要用礼来教育士兵，用义来激励士兵，这样才能使他们懂得耻辱。然而打败敌人容易，保护胜利果实却很难。取得五次胜利的可能招来祸患；取得四次胜利的可能使国力衰退；取得三次胜利的可以称霸；取得两次胜利的可以称王；取得一次胜利的可以做皇帝。凡是发起战争，原因不过五种：一是争名；二是争利；三是长期有仇；四是内乱；五是受饥荒。兴兵有五种：一是义兵；二是强兵；三是刚兵；

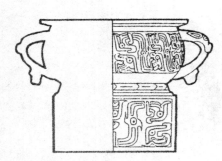

四是暴兵；五是逆兵。治理军队要严守
君臣之间的礼节，团结官员和百姓，按习
俗教化百姓。如果能让贤能的人居高位，
让平庸的人居低位，国家可以稳定。人
民安居乐业，尊敬他们的长官，防守可
以稳定。百姓都能拥戴国君，战斗就能
够胜利。

2. 料敌

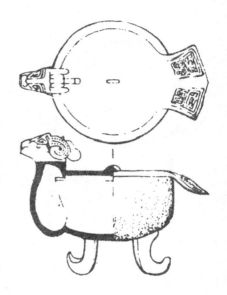

吴起认为要使国家长治久安，防守
是最重要的。当时魏国所处的形势：齐
国兵力众多，但是官员俸禄不公，人心
不齐，所以兵力虽然集中，但是不稳定。
攻击齐国要兵分三路，以攻击其左、右
侧翼，另一路乘势追击，就可以瓦解他
们的阵势。秦国人性格强悍，国家地形
险要，重赏罚，战士好胜，因此，在战
场上可能会各自为战。攻击秦国应该先
施小利，引诱士兵，使他们脱离将领，
然后乘乱攻击。楚国民众天性懦弱，政
令不严，人民疲倦，所以楚军不能打持

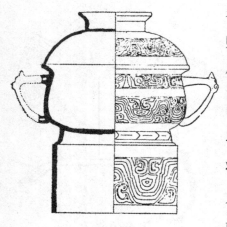

久战。攻打楚国应先扰乱他的阵地，挫败民众的气势。突然进攻，快速撤退，使战士疲劳，就可以打败他们。燕国人民性情淳朴，民众谨慎，但少欺诈，因此攻击他们要先扰乱他，然后远离，使将领们疑惑，士兵们恐惧，同时严守敌人逃跑的路线，就可以俘虏他们的将领。韩国和赵国地处中原，民性温和，士兵们厌烦战争，战场上布阵统一但行动不统一，攻击韩赵两国，要用更加强大的阵势压倒他，他若前来就与他对峙，他若逃跑就乘胜追击，使他的军队疲惫不堪。况且在魏国的军队里，一定存在精兵强将，善待这样的战士及其家人，这样就可以攻击两倍的敌人。凡是攻击敌人不经过占卜便行动分为八种情况：一是敌人在严寒恶劣的环境中长时间跋涉，战士疲惫；二是在盛夏炎热的天气，任务紧急士兵无法正常休息；三是敌军长期驻扎在外，粮食供给不足；四是军需不足，加上天气恶劣；五是敌军兵力不足，内部疾病流行，远兵不能前来相救；六是敌军饥饿困乏，卸甲休息；七是敌军将领威信不足，军心涣散；八是布阵没有完成，隐蔽的士兵没有完成任务，一半隐蔽，一半暴露。还有六种情况是不经占卜也避免与敌人交锋：一是敌人土地广阔，人民富足，人口众多；二是国君和官吏爱民如子；三是将帅赏罚分明；四是重用有贤能的人；五是敌军兵力众多，装备精良；六是有强大的邻国作后盾。如果在这些方面不如敌国，就不要轻易和他们发起战争。

3. 治兵

吴起认为指挥作战首先应该明确"四轻""二重""一信"。"四轻"是指要选择适合战马奔跑的地形；注意按时喂养马匹；准备好膏油铜铁，减少车轴的摩擦；保持兵器的锋利，铠甲的坚固，战士才能轻装上阵。"二重"是指勇敢拼杀

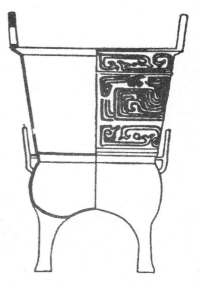

的有重赏，胆小落后的有重罚。"一信"是指遵守承诺，赏罚守信。军队可以靠严格治理取胜。将领要严格执法与士兵同吃住、共生死，这样士兵就会团结一致。行军中不能违背行军的节制，不要忽视饮食的安排，不要使士兵疲劳过度，这样就能使士兵听从指挥。两兵交锋，死伤不可避免，如果抱着必死的信念倒可能有活路，如果存在侥幸心理反而更加容易死亡。吴起认为将士往往死于没有打仗的本领，军队往往因为不懂战法而失败。所以首先应该重视训练。各种战斗队形都熟练后，就应该授予他们武器。让身材矮小的士兵使用矛戟，高大的使用弓弩，强壮的扛旌旗，勇武的敲战鼓，体弱的负责后勤工作，睿智的作为谋士。用鼓声作为战场上的信号，第一次击鼓

要整理武器，第二次击鼓要操练阵法，第三次击鼓要迅速吃饭，第四次击鼓急令整装，第五次击鼓要站好队形。听到鼓声齐响，用旌旗指挥行动。军队要避免在山谷的谷口扎营，不可在大山顶端驻军。军队左面用青龙旗，右面用白虎旗，前面用朱雀旗，后面用玄武旗，中军在高处摇旗指挥。对于驯养战马，一定要按时补给食物和水，节制饥饱。使它们生活舒适，避免让它们受惊。人马熟悉之后才能用于作战。不能让马过度疲惫，使它们保持精力充沛。

4. 论将

吴起认为只有文武双全的人才能作首领，刚柔并济的人才能指挥打仗。将领必须具备五方面的条件：一是理，即统领大军如同治理小部队一样。二是备，即军队行动中时刻保持戒备状态。三是果，即面对敌人不考虑生死。四是戒，即虽然取胜要像战斗刚开始一样戒骄戒躁。五是约，即军纪简明而不繁琐。接受命令不推辞，攻破敌人之后再谈返回，这些都是将领的行为准则。带兵打仗有四个关键的问题：一是掌握士气，二是利用地势，三是运用谋略，四是增强军队战斗力。这些是对将领最起码的要求。除此之外，将领还要有威严、品德、仁爱、勇敢，做士兵们的表率。小鼓大铃是使士兵们听的，各种旗帜是给士兵们看的。各种惩罚是用来使士兵们心理服从的。如果这三者不清晰的话会为敌人所击败。指挥战争最重要的是先考察敌人的情况。根据实际情况采取相应的对

策。可以引诱愚笨的人上钩,买通那些贪图财物的人。如果敌人没有什么谋略就可以不断扰乱他们,使他们疲惫。如果敌人上下不统一,就可以离间他们。如果他们将领犹豫不决,就可以用强大的气势逼走他们。如果士兵不服从上级,厌战思乡,就可以给他们让开险路,截击他们。如果进来容易,退出去难,就应该引诱他们前行。如果敌军前进的道路坎坷,后退的道路平坦,就应该采取进逼。如果敌军的位置低洼,又无法排水,而且经常下雨,就应该放水进攻他们。如果敌军驻扎在荒芜的沼泽,又时常刮风,就可以放火烧他们。如果敌军很久没有移动,将士们容易疏忽防备,就可

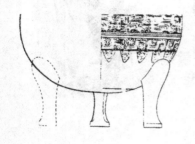

以偷袭他们。如果对敌军的情况不了解，就可以派少部分人去试探，如果对方的阵势有条不紊，无视我们的小利，就不要轻举妄动。如果对方乱了阵脚，就可以将他们的首领擒获。

5. 应变

魏武侯问吴起：如果我军的装备精良，将士勇武，一旦遭到敌人突击，乱了方寸怎么办？吴起回答道：作战经常白天用旌旗，晚上用金鼓笳笛作为号令，一切听从指挥。第一次吹笳笛战士们要准备武装，站好队形，第二次吹就要集合，不听从指挥的要严惩。这样就没有打不胜的仗。如果敌众我寡，在平坦的地方要避开敌人，在地形险要之处要截击他们。如果只有几个士兵在险要的地方击鼓鸣金，即使敌人的队伍再大，也会惊慌失措。

魏武侯问：如果敌人部队精良，地形有利，怎么办？吴起回答：这不仅要有勇猛的车骑，还要有贤才的谋略。如果能有足够的实力，就将其编为五支队伍，分五路攻击。敌人如果坚守，就应该派使者试探他。一旦他们杀掉我们的使臣，就分五路和他们交锋。打胜了不要追击，失败了立刻撤退。一支军队假装败阵，如果敌人不上当，就派一支队伍从正面牵制他们，一支队伍从后方截断他们的后路。另外两支队伍袭击他的两翼。

魏武侯问：敌军逼近，我军无路可退怎么办？吴起回答：如果敌寡我众，就分几路合击；如果敌众我寡，就合力出击。

魏武侯问：如果敌众我寡，地形对我不利怎么办？吴起回答：必须急速前进。如若在山谷与敌军突然相遇，就要击鼓呐喊，乘势攻击。

吴起认为谷战时，必须挑选精兵良将，把兵力隐蔽在四周，不能暴露。派

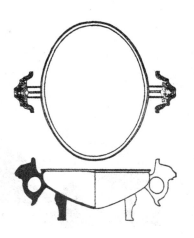

出战车和骑兵向敌人挑战，使他们无法休息。如果是水战，一定要掌握水情，知道水量和深浅，就可以制胜。敌军如果渡水，就等他们行军到中间时袭击。通常战车作战要在晴天进行，阴雨天休息，并选择高地作战场。如果遇到凶猛的敌人来袭，必须坚守，不要轻易与他们决战。敌人在夜里撤走，由于装备和粮食沉重，队伍可能不统一，这时再追击他。通常攻敌围池，攻破以后，部队要有秩序地进入宫府，所到之处，不要砍伐树木，不能毁掉房屋，不准抢夺百姓的粮食、杀他们的牲畜、烧他们的仓库，以向人们表示没有残害之心。如有投降者，要准许并且安抚。

6.励士

吴起认为战争的胜利不能完全靠赏

罚分明。发号施令人们乐意听从，出兵作战人们乐意奋战，战场杀敌人们乐意献身，这是最重要的。要做到这些，就要挑选有功之臣用丰富的宴席款待他们，无功之臣用此激励他们。将将士分为几个等级，用不同的奖赏犒劳他们。武侯便给功臣的家属颁发赏赐。对于战死沙场的士兵家属，派使者慰问其父母，予以奖赏，表明国家没有忘记他们。秦军压境，士兵们没有等到命令就与秦军大战结果大败而归。而后，吴起带领五万无功之人与秦军五十万大军交战。出发前，吴起下达命令：如果车战没有缴获敌人的战车，骑兵没有缴获敌人的骑兵，即使胜利，也不算有功。果然大获全胜。

三、《司马法》

（一）《司马法》的成书经过

  《司马法》的形成经历了三个阶段。《史记》中记载："《司马法》所以来尚矣，太公、孙、吴、王子能绍而明之。"这里"太公"指的是西周时齐国始祖吕尚，所以《司马法》不可能在春秋之后产生。司马指的是掌管军政和军赋的官员，《司马法》由此得名。第二，春秋时田穰苴曾任大司马，因此又名司马穰苴。他与晏婴共事，

晏婴称其为"文能附众，武能威敌"。他治兵有方，精通兵法，特别精通《司马法》。此外，他还对《司马法》深入研究，融入了自己的观点，使《司马法》不断完善，后人在整理《司马法》的时候，将司马穰苴的思想进行了整理，因此很多人认为《司马法》是司马穰苴所作。第三，《司马法》在长期的流传中部分散失，所以齐威王命齐国大夫将《司马法》整理成书。并将司马穰苴附于其中，因此《司马法》又叫《司马穰苴兵法》。自此，《司马法》的内容不断体系化、理论化，成为内容完整、思想深刻的著名兵书。

《司马法》一直备受关注，《七略》中将《司马法》列入兵书行列。此书传至唐初仅存残本五篇，也就是今天我们见到的《司马法》，但仍被纳入皇帝钦定的《武经七书》。东汉郑玄、马融、曹操等人都将《司马法》作为重要的军事文献，后代军事家也有很多人从《司马法》中寻找兵学观点。该书虽然大部分内容已散失，但仍能从中看到商周到春秋战国时期的战争性质以及军法、军规等。不仅讲到了部队的纪律，也讲到了战场指挥、战略战术。

（二）司马穰苴

司马穰苴，姓田，是继孙武之后，田家的又一位军事大将。为人耿直、有胆识、刚正不阿。晏婴称他为"文能附众、武能威敌"，是天下难找的军事奇才。

公元前 531 年，齐相晏婴向齐景公推荐过司马穰苴，不过他并没有引起齐景公的重用。直到晋军压境，齐军连连失利，齐景公才以重礼聘请穰苴。穰苴以平生所学，向景公讲述战场上的战略战术。景公对穰苴的表现极为满意，于是拜他为大将军。

田穰苴自认为出身贫贱，唯恐不能

兵圣孙武

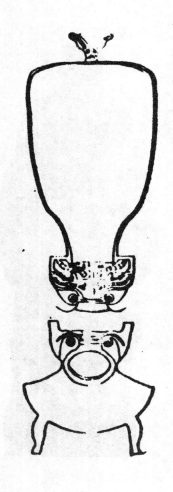

服众，于是请景公派一名深得宠信的大臣作监军。景公就派庄贾为监军，与穰苴一起出征。庄贾倚仗景公的宠信，根本没把穰苴放在眼里，到了约定出发的时间，庄贾由于和朋友喝酒，没有赶到。到了傍晚，穰苴亲自登台宣布军纪，并安排任务。等安排完毕，庄贾才姗姗来迟。穰苴问他为什么这么晚才到，庄贾醉醺醺地回答："今天出征，朋友们前来送行，就喝了几杯，脱不开身。"穰苴严肃地对他讲："将军领命时就应该忘记亲人，战场上要忘我杀敌。如今晋军侵我边境，举国不安，君主将三军托付于我们，我们自当尽我所能，解除百姓的烦恼，为君主分忧，你怎么还有心思喝酒？"庄贾连忙说："没有耽误行程，将军不用责备。"穰苴大怒，向军政司问道："按照军法，迟到该当何罪？"军政司答道："当斩！"庄贾一听，便要逃跑，穰苴立刻命令手下将其捆绑起来，任凭庄贾如何

求饶，也不理会。庄贾的随从看情况不
妙，连忙报信给景公，景公立刻下诏，免
庄贾一死。当使者在返回途中时，庄贾已
经被砍头了，可使者并不知道，仍驰车朝
军中奔去。穰苴于是问军政司："军中驰
车该当何罪？"军政司回答道："罚当斩！"
使者吓得面无血色，连忙说："我是奉诏
书来的，不要杀我。"穰苴看他是奉命而
来，于是说："你奉命而来，可以饶你一死。
来人，把他的车砸了，把马杀了，代他一死。"
士兵们一看这种情景，立刻振奋起精神。
晋国军队听说了穰苴所带的军队的气势，
连忙撤兵，燕国军队还没来得及撤退，
被齐军打得惨败。齐景公拜田穰苴为大
司马，从此人们称他为司马穰苴。

　　司马穰苴带兵，与战士们同吃同住，
生死与共。每次得到皇帝的赏赐，他总
是分给战士们，所以深得战士们的信服，
因此军队上下一致，战斗力极强。穰苴
功勋卓越，受到齐景公的赏识，也因此

遭到了其他大臣的嫉妒。再加上穰苴为人耿直，多次使齐景公不愉快，慢慢地景公疏远了他，于是找借口辞退了穰苴。不久，穰苴病故。后来，齐威王命令大臣们整理《司马法》，也因为掌握了这本书的兵法，使齐威王将齐国治理得井井有条，威震四海。

（三）《司马法》的内容

1. 上卷

仁本第一

古代的人以仁爱为根本，以道义治理国家，这才是正确的。方法正确但是没有达到预期的目的就要进行权变。用兵之道在于不违背农时，不在疾病流行时作战，以爱护自己的民众；不乘敌国之危而进攻，以爱护敌国的百姓，所以即使国家强大，也不要只贪图胜利。从古人经验来看，战争要讲礼、仁、信、义、勇、智。按时对民众进行此六德的教育。顺应天时，合乎地利，保证人和就是贤君治理国家的法则。贤明的君主应设立五刑，惩罚不义之人。考察各国民情，会见诸侯，如果有违反政令，违背仁道者就要向其他诸侯通报，并奉告天神，然后告诉先王，向各诸侯征集兵力，对其进行讨伐。并告诉将士，到了该地，不准亵渎神灵，不准在田地狩猎，不准破坏水利工程，不准焚烧房屋，不准伐木，不准掠夺家畜、粮食、财物等，善待敌国的民众。治理诸侯有六种方法：调整封地控制诸侯；用好的政策安抚诸侯；用礼义使诸侯亲附；用聪明才智使诸侯信服；派睿智的使者联系诸侯；以军事实力慑服诸侯。这样可以使诸侯同生死、共患难，团结一致。会合诸侯还要颁布禁令，控制和惩罚违反仁道的诸侯。

天子之义第二

天子的行为一定要从天地之神那里

学习，同时效仿先帝的遗策。民众的行为标准是首先要孝敬父母，尊重君主和师长，贤明的君主要先对"士"们进行礼义的教育。古代教育百姓要制定上下、贵贱的伦常，使有才能的人不被埋没，勇武之士不得违抗命令。这样上下才能齐心协力。君主要重视不自夸的人，这样的人没有奢求；听从这些人的意见能找到正确处理事情的方法。听从命令的人要奖赏，违反命令的人要受罚。这样民众就可以以礼义为准则，达到教育的最高境界。古代以礼来规范军队，以仁来安抚百姓，就能很好地治理国家。舜、禹、启、汤、周武王等先贤们的治理方

式值得我们借鉴。使用兵器要懂得配合，发挥各种兵器的优势。上级管理下级不能过于严厉，否则士兵们在心理上会感到压抑，并且要任人唯贤。作战以缓慢有节为主，保证队形，以免慌乱。古时候，治国的礼义法度不用于治军，治军的礼义法度不用于治国。因此，在朝廷上说话要温文尔雅、谦逊恭敬、宽厚待人；而在军队中要树立威严、做事果断。所以礼与法互为表里，相辅相成，不可偏废。

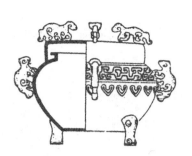

2. 中卷

定爵第三

凡是用兵，首先要定好爵位，发布奖惩条令，征求众人的意见，全面考虑问题，做事要顺应民意。要坚定将士的信心，顺应天时，善于利用地形。重视兵器的配合使用。五种兵器各有各的用途，长短相配，可以增强战斗力。作为主将，要善于激励士兵，保证他们服从命令，将帅和士兵要齐心合力。统筹作

战要靠智谋，进行战斗要靠勇武。做自己想做的事情，并逼迫敌人做不想做的事情。善于把握机会，做好作战的充分准备。这样士兵才有战斗力。装备精良，将士勇猛就可以保证有力的防御。将帅从容不迫，战士熟练战法，就可以应对各种突发事件。充分了解我军实力，把握战机，做好战前准备。遇到危险，要将军队放在首位。治理国家要讲仁义、有信用，治理军队要宽容而威严。治国讲求和谐，治军讲究严明。这样才能赢得百姓的爱戴，将士的信任。布阵行列要稀疏，作战时要集中，各种武器要混用。古代良好的法度可以继承，保持战士的斗志，不迷信鬼神。消灭敌人一靠道义，二靠谋略。任用贤才，严肃政令，慎于辞令，工于制器，善火攻，习水战，改进兵器，这是军政中的七项大事。治乱有七法：施仁爱、守信用、为人正直、严格守法、讲道义、通权变、专权果断。

建立法制一要宽容，二要合礼，三要严肃，四要力行，五要分军装的等级，六要分旗帜的等级，七要按等级着装。

3. 下卷

严位第四

凡是布阵作战，士兵的位置是有严格规定的，军令要严肃执行，将战士分出等级。观察远处的敌人，预见局势，将士就不会心怀恐惧；敌人近时，心无恐惧，就可以集中兵力。如果士兵感到畏惧，就密集队形，以定军心。凡是作战，靠兵力充实就可以持久，靠士气就可以稳固战势，士兵们斗志昂扬就可以取胜。用盔甲保护自己，用兵器对付敌人。盔甲厚重才能保护好身体，兵器轻锐才能取胜。如果以轻锐之兵对抗敌人轻锐部队，可能会有危险，如果手持重器进入也可能不成功，入重地持轻锐的武器就会灭亡，持重器进入轻地就可能退缩。所以作战就要讲究轻重结合。宿营要准

备好兵器，保持行列整齐，作战要把握进止节奏。将帅如果能够谨慎从事就会成功，如果草率急躁就会失败。如果战车坚固，兵器精良，即使处于弱势也可以转变为强势。将帅们用政令约束战士，用道义感化战士，就可以使将士为国而战，视死如归。高明的战争是以仁取胜，其次才是以攻打取胜。击鼓有七种指挥职务：有指挥旗帜的，有指挥战车的，有指挥骑兵的，有指挥步兵的，有指挥兵器使用的，有指挥队形的，有指挥阵势的。对待士兵，统帅要有一颗仁爱之心，讲道义，守信用，与士卒们和谐相处，勇于承担错误，把名誉让给别人，使士卒们甘愿服从。

用众第五

兵力的多少不同，使用的战法也不同。兵力少的宜奇兵取胜，兵力多的宜使用常规的方式攻击敌人。用兵力多的部队攻击兵力少的部队，应该包围他们，

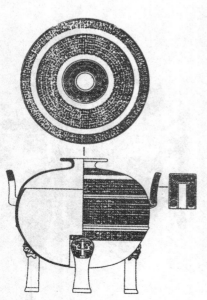

留个缺口，再轮番攻击；用兵力少的攻击兵力多的，就要佯装失败迷惑他们，以巧取胜。敌人占据有利地形，就引诱他们离开，反过来再攻击他们。驻扎的地方要背靠风向，右临高地，左居险阻，迅速越过沼泽。要勘察敌情，然后再拟定计划，看准机会攻打他们，不要陷入敌人的圈套。用兵力的多少来观察敌人的变化，用队伍的前进和后退来试探敌军的稳定状况。趁敌军举棋不定时攻击他们，趁敌军没有准备时攻击他们，破坏他们的战斗力，粉碎他们的计划，趁他们惶恐的时候打败他们。进攻敌人的城邑要想好路线，并计划好退路。作战时不宜过早，会丧失战斗力，不要频繁休息，会使士兵懒散，也不可长时间不休息，那样会导致士兵疲惫。禁止士兵与家人通信，以使他们没有后顾之忧。

四、《六韬》

（一）《六韬》的成书

　　《六韬》是古代著名的兵书，《武经七书》之一。关于《六韬》的作者历来存在争议。该书以姜太公与周文王和周武王的对话形式记录了周代时期的战略战术。《六韬》又名《太公六韬》，旧本认为作者是周吕望。吕望，即周文王至武王时期，著名的军事家姜子牙。吕望，姓姜，名望，字子牙，因为先世受封于吕

（今河南南阳），又名吕尚或姜尚，也叫姜子牙。姜子牙出生时，家族已经败落，曾经做过屠夫。但一直胸怀大志，满腹韬略，苦于没有施展的机会。有名的故事"太公垂钓"就发生在此时。他遇周文王后，被拜为国师。姜太公辅佐文王时，以施行仁政深受百姓的爱戴。文王死后，武王即位，尊太公为"师尚父"。正是在姜子牙的辅佐下，武王推翻了商纣的残酷统治。

姜子牙作《六韬》的说法延续了很久，但从书中的语言和体例可以看到有后人整理的痕迹，于是推断该书并非姜

太公所作，而是后人托名而作，成书时间大约在战国中期。

首先，在姜太公时期，战争中的理论和战术还没有达到《六韬》的水平。其次，通观《六韬》全书，其中涉及到的战争规模与战国时期的非常相似。第三，姜太公时期还没有个人著书的前例，况且当时的汉字发展水平也约束着作者完成这样一部鸿篇巨著。由此推断该书不是姜太公所作。

其实先秦许多著作都是后人整理的，只是依据当时的情况进行转述，如《论语》中的很多言论虽然大多出于孔子,但整理者却是他的后人。所以《六韬》出自后人之手也不足为奇。即使这样,《六韬》仍不失为一部重要的兵书。

(二)《六韬》的内容

《六韬》有六个部分：文韬、武韬、

龙韬、虎韬、豹韬、犬韬。前三篇侧重
于战略，后三篇重在战术。

第一篇：文韬

1. 文师

周文王初遇太公，与其共谋国家大
事，太公劝告文王，天下不是一个人的，
要与百姓共同分享利益，才能使天下归
顺。

2. 盈虚

周文王问太公天下治与乱的原因，
太公以前人尧舜之所为建议文王应该不
重华丽的外表和可口的美味，要对百姓
赏罚分明，减少自己的收入以求百姓富
足。

3. 国务

太公认为君主应该爱民如子，不能
无辜杀戮，使百姓疲敝。

4. 大礼

太公认为君主要临朝听政且不疏远
大臣，体察民情，做事要周全，兼顾多

方意见。

5. 明传

国家兴盛的原因在于柔和而稳重，恭敬而谨慎，强大而示弱，宽容而果敢。

6. 六守

择人相处的六项原则为仁、义、忠、信、勇、谋。君主要掌握大农、大商、大工的控制权，即农民居住在一个地方，粮食就会充足；手工业者聚集在一起，器具就会充足；商贾居住在一起，货物就会充足。

7. 守土

执政的要务在于把握国家政权，富国强兵，广施恩惠，团结谨慎，达到政通人和。

8. 守国

治理国家要顺应自然，既不让权于人，又与世无争，成大事要隐蔽。

9. 上贤

在人才任用方面，要善于识破小人

的行径，尊重贤能的人，禁止六贼七害为官作乱。

10. 举贤

君主要任人唯贤，重用有真才实学的人。

11. 赏罚

赏贵在讲信用，罚贵在言出必行。对于亲眼目睹和亲耳所听的事，要赏罚分明。

第二篇：武韬

1. 发启

施王道以征服天下。与士兵生死与共、上下一心，与百姓共享天下、广施恩泽。

2. 文启

太公认为文王应效仿圣人，无为而治，顺应自然的变化。

3. 文伐

战争在实行武力解决之前，应先尝试智取。可以贿赂敌军，离间君臣的关系。

4. 顺启

治理国家应胸怀天下、信照四海，为天下苍生谋福利。

5. 兵道

用兵之道在于集中兵力，统一管理，战场上以智取胜。

6. 三疑

因势利导、谨慎谋划、不惜重金贿赂敌军官吏，可使敌军陷入内乱之中。不吝惜财物，还可招纳贤才，辅助君主治理天下。

第三篇：龙韬

1. 王翼

太公提出君主应该有"王翼"来辅助统治。由心腹、谋士、天文（主管天文历法的人）、地利（了解地形的人）、兵法（通兵法的人）、通粮（预测粮食多少的人）、奋威（突击将领）、伏旗鼓（传达军令的人）、股肱（担负重任的人）、通才、权士（善用奇兵的人）、耳目、爪牙（宣扬军威的人）、羽翼（维护名誉的人）、游士、术士（巫师）、方士（医生）、法算（会计）组成，这是最早关于"王翼"的论述。

2. 论将

将士要有五种才能：勇、智、仁、信、忠。也有十种缺点：匹夫之勇、急功近利、妇人之仁、聪慧过人，实则懦弱、轻信

于人、忽视他人、优柔寡断、刚愎自用、懦弱无主张。

3. 选将

观察别人可以用八征来认清十五种表里不一的人。

4. 立将

立将要有登台的仪式。将军要与战士同甘共苦，顺应民意。将在外，君命可以不受。

5. 将威

树立威信，惩罚要以大官为主，奖赏从士卒开始。

6. 励军

将帅与战士同甘共苦可以激发战士的斗志。

7. 阴符

太公讲述了用来通报军情的符节分为一尺、九寸、八寸、七寸、六寸、五寸、四寸、三寸等八种规格。

8. 阴书

要使军书秘密派送，应用书信传递。将竹简书信分三部分，只有三部分合在一起才能了解军书的内容，还要派三位使者送信。

9. 军势

攻敌人要随机应变，善用奇兵，抓住战机，迅速攻克。

10. 奇兵

战场上将帅主宰着胜败。可诱敌取胜，灵活控制战局。

11. 五音

通过乐器的五音（宫、商、角、徵、羽）传递胜败的消息。众人在敌营外大声吹奏乐器，可根据回声判断哪个方向有利于进攻。

12. 兵征

派间谍深入敌军内部，通过敌方民众、士兵的谈话和他们的气势，判断敌人的强弱。

13. 农器

和平年代，如果忽略了武器的准备，可以用农具作为兵器。士兵可以来源于农民，五人一组，以乡吏为将，听从乡吏的指挥，就可以组成战争的队伍。也就是说士兵和农民某些时候是统一的。

第四篇：虎韬

1. 军用

太公讲述了在战场上，各种兵器的组成和规格。各种兵器使用于不同环境，不同兵器有不同的功用。

2. 三阵

用兵中有三阵：天阵、地阵、人阵。按照星辰的位置布阵为天阵；按照地形特点布阵为地阵；按照战场上的形势布阵叫人阵。

3. 疾战

陷入困境的军队要迅速冲出重围可转败为胜，行动迟缓则会败阵。

4. 必出

身处绝境，可以烧掉粮食，背水一战。如果有士兵先闯出去，在高处点燃烽火，

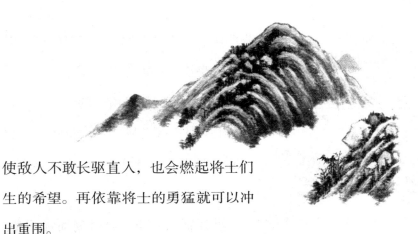

使敌人不敢长驱直入，也会燃起将士们生的希望。再依靠将士的勇猛就可以冲出重围。

5. 军略

作战要预测战争中的各种情况，未雨绸缪，事先准备好各种军事器械，训练战士们的应变能力。

6. 临境

两军对垒，双方布阵都很坚固的情况下，若先进攻，可将部队分为三路，前军挖深沟堑，增高壁垒，加强防御；后军积攒粮食。如被敌军看穿我军的计谋，可以用前军迷惑敌军，他们便不敢出击。

7. 动静

若两军对垒，实力相当，则要派军

队埋伏于敌军十里附近，多置鼓旗，引起敌人恐慌。如形势对我军不利，先明察敌军的计谋，避开险要的绝地。兵力不分上下时，可交战。先佯装败走，到伏击线三里以内，伏兵四起，敌军必败。

8. 金鼓

身处别国领土，要时刻加强戒备，分区派人负责。如陷入敌军埋伏，将我军分为三纵队，三队到达一处，迅速组织突围，行动要统一、迅速，方可获胜。

9. 绝道

深入敌军区域，要先考察地形，占据有利位置；在险要地段，侦察敌情后，防止敌人的攻击。

10. 略地

攻击敌人，要阻断他们的交通，使他们弹尽粮绝，引诱敌军外逃，援军见势也会撤退。城池攻下之后，不要损毁百姓的财物，以安抚民众。

11. 火战

对付敌军火攻的办法是我军也点燃前后的柴草，如他们从正面攻击，我军后退至烧出的地带坚守，如果从背后攻击，我军的火势足以将他们吓倒。

12. 垒虚

考察敌人营垒的虚实，将帅可以登到高处，根据营垒的鼓声和鸟群来判断。如果营垒上鸟群飞而不惊，又没有灰尘扬起，则为虚；如果敌军突然出兵又瞬时折回，说明他们用兵太急，阵脚必乱，可以出兵攻击。

第五篇：豹韬

1. 林战

丛林作战，要将军队分几队，轮流与敌军交锋，将士们得到充分休息，自然精力充沛，斗志昂扬。

2. 突战

敌人如长驱直入进入营区，我军可埋伏起来,使敌军进入埋伏圈,然后围攻,或夹击。

3. 敌强

深入敌军内部，敌众我寡时，要派猛士打头阵，迅速袭击敌军的前方部队，再迅速攻打其后方部队，变换方向，引起敌人的惊恐，要速战速决。

4. 敌武

陷入敌军埋伏，在骑兵实力相当而我军步兵少时，用战车冲锋。

5. 乌云山兵

身居山林，要布乌云阵。即布阵要兼顾南北两侧。屯兵一侧时可以防守另一侧。派兵把守紧要关口，防止敌军入侵。高置旌旗，同时不能暴露我军意图。这样只要奇正联合就可取胜。

6. 乌云泽兵

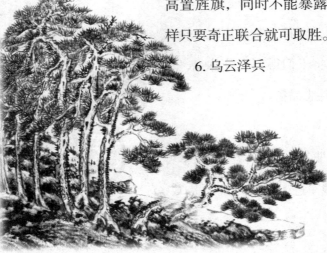

在敌众我寡，与敌军隔水相望时，可以引诱敌人陷入我军精兵埋伏圈，保持阵型的变幻莫测，快速攻击敌人。

7.少众

要以少击众，必须等到天黑之后，埋伏于深草之中，阻断敌军的关卡。如没有深草，就要使用骗术。若以弱击强就要用重金争取邻国的帮助。

8.分险

在险地与敌军遭遇，为了使我军防守固若金汤，就要用兵车作堡垒，分三路军队轮番攻击。

第六篇：犬韬

1.分合

王者要出征，为了让各纵队兵马迅速会合，主帅要先明确出发时间和地点，然后下令不准迟到，以漏壶计时，先到者有奖赏，后到者要处斩。

2. 武锋

要想袭击敌人，就要抓住敌人还没有站稳脚跟的时机，可以取胜。

3. 练士

选择精锐的士卒，将他们编成几队，有冒刃队、陷阵队、勇锐队、勇力队、寇兵队、死斗队、忿死队、励钝队、必死队、幸用队、待命队。

4. 教战

使士兵们训练有素，应先教会一个人，然后一传十，十传百，百传千，直到三军都掌握了战法。

5. 均兵

战车、步兵、骑兵能力不同，用途不一，应该注意三者的配合。在险要地带，一战车抵四十步兵，一骑兵抵四个步兵，一战车抵六个骑兵。十战车可抵挡千人，十骑兵可抵挡百人。战车编制为：五车设一长，十车设一吏，五十车设一率，一百车设一将。骑兵的编制为：五骑设一长，十骑设一吏，百骑设一率，二百骑设一将。

6. 武车士

选拔车士要 40 岁以下，身高七尺五寸以上，奔跑能够追上快马，能够边跑边上马，能在战车上举起旌旗，且力大无比，射术精准。

7. 武骑士

骑兵的选拔原则是 40 岁以下，身高七尺五寸以上，身体健壮，身手敏捷，骑术精湛。

8. 战车

战车有十死八胜之地。十死之地为：有去无回之地、越险境追敌之地、前易后险之地、陷入难以自拔之地、山体塌方，黑土粘脚之地、需要爬山之地、深草沼泽之地、车少难抵步兵之地、沟渎深水山丘环绕之地、霖雨不止之地。八胜之地为：敌人阵脚未定之时、旌旗混乱之时、士兵慌乱之时、士兵瞻前顾后之时、前后疑虑之时、敌军败逃之时、相持不下之时、敌军倦怠之时，以上是八种进攻的时机。

9. 战骑

战骑有十胜九败之地。十胜为：阵型不一之时、敌军心惊胆战之时、士卒无斗志之时、夜幕宿营之时、敌无要塞防守之时、敌军四面受敌之时、步调不一前进时、夜间回营时。九败为：敌军佯装败走回击之时、陷入敌军埋伏之时、有去无回之地、我军入口狭窄，出口甚远之地、大涧深谷之地、我军往而无返之地、泥泞沼泽之地、左右前后险峻之地。

10. 战步

步兵、战车和骑兵组合作战应安排好长短兵器的位置，保持四面冲锋阵型，迅猛作战，即可胜利。

五、《孙膑兵法》

（一）《孙膑兵法》的作者

　　孙膑，本名不详，战国齐人，春秋著名军事家孙武之后。年轻时曾与魏国将军庞涓师从鬼谷子研习兵法。由于孙膑刻苦勤奋，领悟较快，因此很快成为众多弟子中的佼佼者。不久，魏惠王招纳贤士，庞涓便提早下山，被魏惠王拜为将军。魏惠王听说孙膑其人，便急于相见，并为孙膑的才华所折服，于是准

备拜为副将。庞涓知道自己的才华无法与孙膑相比，于是故意说："孙膑能力在我之上，怎好让他作我的副手，倒不如先封他为客卿，立功之后拜为大将。"魏惠王采纳了他的建议。于是庞涓写信给孙膑，召他来府，并将他软禁。同时设计陷害了孙膑，将孙膑施以膑刑，从此孙膑成了残疾人。庞涓又想骗取孙膑的兵书。孙膑得知真相后，装疯，以便等待时机逃走。齐国大夫淳于髡出使魏国，久闻孙膑之名，便把他带回齐国，孙膑受到了齐国大将田忌的厚待。齐威王和田忌都喜欢赛马，但每次田忌都是失败者。孙膑看到后，估计了一下马匹的能力，便告诉田忌赛马时用下等马对齐威王的上等马，上等马对齐威王的中等马，中等马对齐威王的下等马，果然赢了齐威王黄金千两，这就是有名的田忌赛马。事后田忌将此事告诉齐威王，齐威王召见了孙膑，佩服之至，拜他为军师。

公元前 354 年，魏国出兵攻打赵国，孙膑使出"围魏救赵"之计，不仅营救了赵国，还擒获了魏军的将军庞涓，从此名声大振。《孙膑兵法》第一篇擒庞涓讲的就是这件事。公元前 341 年，魏国出兵攻打韩国，韩国向齐国求救，齐王任田忌为主将，田婴为副将，孙膑为军师前去营救。在马陵，孙膑用"减灶增兵"的战术，引诱敌军陷入齐军埋伏之中，大获全胜，并迫使庞涓拔剑自刎。孙膑战功显著，遭到齐相邹忌的妒忌，再加上齐王喜欢能言善辩之士，孙膑渐渐受到了冷落，于是辞官，携弟子隐居于甲山（今山东莒县）。从此，孙膑潜心研究兵法，著成《孙膑兵法》。后世也有人称此书有些部分是由其弟子根据其言论写成。无论是孙膑本人还是其弟子著成此书，该书的思想都是出于孙膑是毋庸置疑的。

孫子曰間於
天地之間莫
貴為人天時
地利人和三
者不得雖勝
有央

银雀山竹简孙膑兵法月戰篇用笔秀动汉隸之尢姚

（二）《孙膑兵法》的内容

1. 擒庞涓

魏惠王派庞涓攻打赵国的茬丘，而茬丘处于齐、赵之间，于是齐威王就派田忌到齐魏的边境进行防御。田忌问孙膑是否要救卫国，救，则违反军令，不救，又不知如何是好。孙膑想出一条妙计，让田忌率兵进军平陵（魏国的军事要地），派两位不懂兵法的将军统帅。两位将军败下阵来，然后派轻便的战车攻打魏都大梁，以激怒魏军。再分少部分兵力去骂敌挑衅，使敌军以为我军兵力薄弱。结果庞涓果然丢弃辎重，日夜兼程营救大梁。孙膑抓住战机，在桂陵对魏军进行攻击，大败魏军。

2. 见威王

孙膑认为：战争并不是什么好事，即使打了胜仗，也未必能得到利益。只要作了充分的准备，即使城池小，也能够保证防御坚固；从正义的角度发动战争即使兵力不足，也能保证军队的战斗力。通过神农、黄帝、尧、舜、禹、商汤等治理国家的例子来看，说明不能以德治天下才会采取战争的手段。

3. 威王问

孙膑认为：对于双方实力相当的敌人，要以小部队去试探对方实力；敌寡我众时要引敌出动，敌众我寡时要避免与敌军正面交锋；对于身处绝境的敌人要等他们寻求生路时攻击；地形平坦，要有精锐的部队与其对抗。将帅要讲信用才能保证士兵服从命令，要军纪严明，言出必行，赏罚分明。

4. 陈忌问垒

孙膑认为：我军兵力不足的情况下，可以用蒺藜作护城河，用战车作壁垒。注意长短兵器以及弓箭的配合，安排好相应的位置，就可以拟造一个临时

堡垒。

5. 篡卒

孙膑认为：作战要挑选优秀的士兵。将帅要善于指挥，信守承诺，才能得到士兵的拥戴，他们在战场上才能服从命令。这是战争胜利的根本保障。

6. 月战

孙膑认为：作战要具备三种条件，即天时、地利、人和。如果没有达到，即使胜利也会遭致祸患；即使有了这些条件，也要到不得不战时才战。按照战争规律作战，掌握用兵之道，就可以取胜。

7. 八阵

孙膑认为：用兵打仗，不能盲目自大，而且要经验丰富，才能保证国家和百姓的安全。懂得用兵的人要上知天文，下知地理，深得民心，掌握敌情，根据地形来布阵。

8. 地葆

孙膑在本篇中介绍了四种作战的地区即表、里、总纲、分支；五种地形即山、陵、阜、丘、林平地；五种草地即藩、棘、椐、茅、莎；五种土壤即青、黄、黑、赤、白，并分析了各种地形的优劣情况。又举出五种容易失败的地方：天井、天宛、天离、天隙、天耗。

9. 势备

先贤们发明各种武器，用宝剑比喻军阵；用弓弩比喻兵势；用舟车比喻机变；用长柄兵器比喻指挥权。这些是用兵遵循的规律，懂得这些的将帅就可以获胜，不懂的就无法战胜敌人。

10. 兵情

用兵之道可以通过弓和箭作比较。弓相当于好的士兵，箭相当于将领，射

箭的人相当于君主。箭前重后轻就容易控制，军队也是一样。弓身如果不正，就不会射中目标，同样，将帅如果不齐心协力，就无法战胜敌人。弓与箭都安排妥当，还要有一名懂得射箭的人才能射中。

11. 行篡

孙膑认为：用兵要讲究公平。对将士要赏罚分明，对百姓要一视同仁。有的人吝惜生命却轻视财物，有的人重视财物却不贪生怕死，贤君和圣人懂得这个道理之后，就可以网罗天下人才，使他们甘愿辅佐于你。

12. 杀士

此篇残损严重，无法翻译。

13. 延气

孙膑认为：将军无论是召集军队，还是行军，或是在战场上都要激发战士的士气，以免延误战机，也可以在气势上压倒敌人。获胜的秘诀还在于掌握迷惑敌军的方法，使敌军轻敌。这样即使他们人数众多，一旦骄傲自满，也会失败。

14. 官一

孙膑认为：选拔配备兵力、安排队阵、分派兵器的人要能胜任该项工作，并用旌旗分出等级。各种队伍要有不同的用武之地，不同的地形要摆开不同的阵势。

15. 五教法

孙膑认为：善于用兵的人能够掌握根本，而不是临阵采取权宜之计。所谓五教指的是：一是平时练兵的教导；二是行军时的教导；三是屯兵时的教导；四是布阵时的教导；五是隐蔽不暴露的教导。

16. 强兵

孙膑认为：政教、敛财、散粮、清静无为都不是强兵的办法，强兵最根本在于富国。

六、《尉缭子》

（一）《尉缭子》的作者及成书年代

　　《尉缭子》是我国古代的一部著名兵书，在中国的兵学史上有很大的影响，北宋年间被列为《武经七书》之一。后南宋陈振孙怀疑该书是伪书，于是很长一段时间，该书没有得到重视。1972年，山东临沂县（现临沂市）银雀山出土了《尉缭子》残简，其内容与今本《尉缭子》

基本一致，证实了它的真实性。

对于该书的作者尉缭和成书年代，历来有所争议。总体分为两派：一派认为该书成于战国时期；另一派认为该书成于秦始皇时期。《汉书·艺文志》中记载"《尉缭子》二十九篇"，并说明作者是六国人。由于本书第一篇就有"梁惠王问尉缭子……"，因此很多人认为该书作者为战国时代梁（魏）惠王的大臣。梁惠王在位时间为公元前369——公元前319年，当时魏国处于衰败期。梁惠王曾以重金招贤纳士，因此尉缭可能是这一时期涌现出的大军事家之一。第二，从书的内容上看，作者应是一位忧国忧民的人，当时的战局混乱，军无法制，国君应该是在政治、军事上都没有建树的人。这种情况应该是在国势衰败的魏国，而不应该是秦国。秦始皇时期不仅国力昌盛，秦始皇本人也是治军有方的将才。第三，从该书所辑录的历史事件和人物可以看出它的时代。而且书中抨击了阴阳五行，也应该是在五行说流行时（战国时期）所作。持"书成于秦始皇时期"观点的也大有人在。按《史记·秦本纪》中的记载，尉缭在公元前236年曾拜见过秦王政，而此时梁惠王早已不在人世。从该书的内容中，可以看出以仁为本的战争观，应该在战国晚期。持这两种意见的人直至现在也没有争论出结果，双方都无法绝对否定对方，因此，《尉缭子》的作者及成书年代仍是一个谜。

（二）《尉缭子》的军事思想

在证实尉缭子的真实性以后，很多学者开始研究此书。并从它的内容中吸取了许多思想精华。作者提出了进步的战争观。结合他对战争的认识，提出了战争与政治之间的关系，论述了战略战术以及治军之道，并提出了"兵者，以武为植，以文为种"的重要论断。在战略战术方面，他也有独到的见解。作者严厉抨击了当时笃信阴阳五行的现象，并提出战争的胜败主要在于人，体现了他的唯物主义思想。书中也包含了作者的辩证观，如赏罚、攻守等。同时他也提出军队的战斗力必须建立在严明的纪律之上，平时要加强对战士的管理，一旦战争爆发，才不至于被打得措手不及，一支训练有素的队伍是国家安全的保障。

由于该书的思想卓著，从宋代开始

就有学者为其作注。残简被发现以后，又涌现出一大批学者对其进行研究，它的重要理论对于今天的战争仍然受用。

（三）《尉缭子》的内容

今本《尉缭子》共分为五卷，二十四篇。卷第一中包括天官、兵谈、制谈、战威四篇；卷第二中包括攻权、守权、十二陵、武议、将理五篇；卷第三中包括原官、治本、战权、重刑令、伍制令、分塞令六篇；卷第四中包括束伍令、经卒令、勒卒令、将令、踵军令五篇；卷

第五分为兵教上、下和兵令上、下四篇。

1. 卷第一

天官第一

从黄帝和武王伐纣两个例子可以看出战争的胜利与否，不在于天象，而在于人，应该破除迷信思想。黄帝以刑德治天下，不是靠"天官时日阴阳相背"，而是靠人。从四方攻打没有成功，是因为对方守卫森严，粮草充足，将士齐心。武王伐纣，背水布阵，按天象来讲是没有优势的，然而武王却取得了胜利。这说明战争靠的是人，而不能迷信于神。因此黄帝说："打仗之前求神求鬼，不如先考察自己的实力。"

兵谈第二

建造城池要以土地的大小、人口的数量和粮食的产量为根据。三者适应，才能内守国土，外防敌军。治理军队要隐秘，不能让敌人抓到规律，不留下漏洞，不给敌人可乘之机。安抚流亡在外的百姓，使他们回到自己的国土，保证国民的生活富足。作为将领，出兵之前要做好充分的准备，战场上要立场坚定。为人要心胸宽广、品德高尚、谦虚谨慎，认真听取别人的意见。

制谈第三

凡是军队，必须事先制定好军规，这样部队才能秩序井然。命令所到之处，无人不服从，冲锋杀敌就能保证万众一心。出征之前要讲好赏罚的条件，战争结束后要兑现承诺。这样的部队出兵才能胜利。国家就能称霸天下。如果纪律严明，那么一个人冲锋陷阵，就会有十个跟随；十个人冲锋陷阵，就会有一百、一千、一万个人跟随。保证我军的装备精良，增强我军的斗志，打起仗来就能所向披靡。如果战斗没有胜利，不要怪罪于百姓，要反思自己制度存在的缺陷。如果善于学习好的制度来完善我军制度，严明军规，百姓务实，就能保证国

家的富足，保证民众听从指挥。

战威第四

战争可以靠三种办法取胜：战略、气势和勇武。君侯掌握这个道理，就能够取胜。能否打胜仗，关键靠战士的士气。士气旺盛就能战斗，士气衰落就容易退却。在没有和敌人交锋之前，有五种预想胜敌的办法：一是遵守朝廷的正确决策；二是任命将领；三是挺进敌后的策略；四是要有高大坚固的壁垒；五是掌握布阵方式。将帅下达命令时，要不纠小过，不申小惑。指挥作战的将领在战场上要以身作则，身先士卒，这样才能激发战士的气势，意志才能统一。对士兵的日常生活要关怀备至。使他们饮食无忧，时常和他们交流沟通，把他们当作自己的亲人。这样在战场上才能赢得他们的勇往直前。用土地来供养百姓，用城池来守卫国家，用战争来保护城池。因此君主和将领要重视这三个方

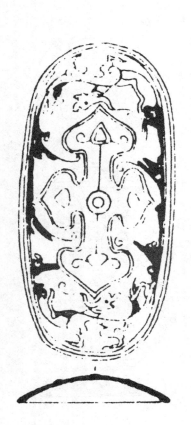

面。在军事方面，要粮食充足，待遇优厚，选拔勇士，装备精良，赏罚分明。

2. 卷第二

攻权第五

战场上，将领要集中权力，和士兵协调配合。只有将领指挥有方，才能使军吏畏惧，进而使士卒畏惧，这样敌人才能畏惧我们的军队。此外将领如果赢得士兵的爱戴，战场上就会意志统一；将领如果树立威严，战场上士兵才能听从指挥。没有必胜的把握不要轻易出兵。出征前要树立信用，做好战时准备，战时抓住良好的战机，胜利后要做好防守。

守权第六

凡是防守的部队，要挑选精锐的部队，武器装备安置在城中，粮食安放妥善，不给敌人可乘之机。守城的将士不要放弃险要之处，出击的部队和防守的部队各负其责。保证护城河的宽而深，

城墙的坚而厚，粮食供应充足，武器精良，这是守城的原则。进攻的敌军达到十几万，就要寻求援军，才能有把握守住城池。守军和援军互相配合，可以迷惑敌军，等待可乘之机。

十二陵第七

将帅树立威严在于不随意改变决定，给人恩惠在于把握时机。筹划要适应事物的变化。战斗在于鼓舞战士的士气。攻击在于意外。防守在于隐蔽。无过在于能够审时度势。不陷入困境在于做好准备。谨慎在于小事提高警惕。明智在于统筹全局。除坏在于果断。得民心在于虚心。后悔在于多疑。罪孽在于杀戮。不公在于私心太重。不详在于不愿听自己的过失。挥霍在于耗尽民财。不明智在于受人离间。毫无所获在于草率。孤陋在于远离贤士。祸患在于贪图小利。危害在于亲近小人。失去土地在于防守不够。身处危险在于号令不严。

武议第八

用兵要以正义为准，不打无过之城，不杀无罪之人。用兵的目的在于镇压邪恶。

凡是判决都是为了扬我军威，如果杀一人而使三军振奋就杀，如果赏一人而使万人高兴就赏。惩罚要从上级官员开始，赏赐要从普通士卒入手。国家的安危在于将军的掌控，因此国家要重视将领。君主和将领要善于提拔贤士，政治才能得以彰显。战场上的将领要不受天象、地理和他人的干预，要有自己的主张。将领不要在士卒面前显贵，要与士兵同吃同住。

将理第九

凡是将领都是法官，裁决各种案件要公正。不倚仗严刑拷打来逼供，要善于观察内情。不为金钱所惑，保持公正客观。

3. 卷第三

原官第十

官员掌管各类国家大事，是治国的

根本。设立官员制度，按职务划分等级。高管要有丰厚的俸禄，这是尊贵的标志。对于官员赏赐要公开，惩罚要公正。这样可以禁止邪恶。祭祀也要有制度可循，这是天子对诸侯的要求。

治本第十一

治理好百姓首先要让百姓丰衣足食。不要过多地征召而使他们无法耕种。治理好国家要使百姓无私心。百姓没有私心就会把天下的人看成一家人。有福同享、有难同当。百姓没有私心就不会有争斗，争斗停止，就没有犯人，百姓就可以安居乐业。作为天子，要重视四项内容：一要神志清醒，目光远大；二要恩泽天下；三要明确等级制度；四要国家昌盛，没有敌人。

战权第十二

用兵要重视掌握主动权。任用真正贤德之人，除掉伪诈之人，爱护慈爱顺从之人，惩治邪恶之人。说话要小心谨

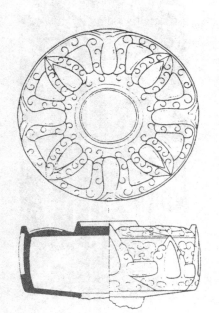

慎，出击有节有制，保证安全，正确决策，有所向披靡之势，敌军便会不攻自破。

重刑令第十三

率领千人以上败逃的人被称为"国贼"，对这种人要处死抄家，挖其祖坟，扬尸示众，男女亲戚要做官府的奴隶。率领一百人以上败逃的官吏称为"军贼"，对于这样的人要处死抄家，男女亲戚要做官府的奴隶。如果能让百姓们畏惧重刑，他们就会藐视敌人。所以从前贤明的君主立制度于前，重罚在后。刑罚重就会使人畏惧，对内畏惧就会对外坚强。

伍制令第十四

军队中的制度：五人为一伍，伍内相互担保；十人为一什，一什之内相互担保；一百人为一闾，一闾之内相互担保；军中大小官吏实行上下担保。一伍内有人犯错，其他人揭发，可以免罪；不揭发全伍要受罚。什内、闾内、官吏之内皆如此。这样就可以避免有不被揭发的

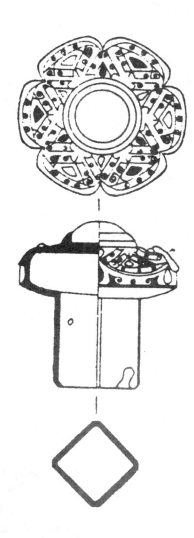

罪行。

分塞令第十五

左、右、前、后、中军，各有各的营区，还要在四周修建营垒，与其他营区之间断绝往来。军营内部每隔一百二十步设立一个高高的旗杆，以估计人数和距离。每个旗杆要派人看守，除非有将领的符节，否则不准随意通行。

4.卷第四

束伍令第十六

约束战士的原则：五人为一伍，记录在一个花名册上，由将吏统一管理。死伤人数与杀敌人数相当，则功过相抵；死伤在杀敌数目以下，要给予奖励；死

伤在杀敌人数以上，将吏要接受处罚。同时，惩处条例还规定，各组织将领有权惩罚以下的官员或士卒。

经卒令第十七

对战士实行编制要按照规定分三部分：左军旗帜和战士标志为青色；右军旗帜和战士标志为白色；中军旗帜和战士标志为黄色。同时，士兵佩戴五色徽章，第一行为青色，戴在头上；第二行为红色，戴在颈上；第三行为黄色，戴在胸前；第四行为白色，戴在腹部；第五行为黑色，戴在腰部。

勒卒令第十八

金、鼓、铃、旗，各有各的用处：击鼓表示前进，再次击鼓表示出击；鸣金表示停止，再次鸣金表示撤退；铃声是传达命令；挥旗向左，队伍就向左，挥旗向右，队伍就向右。而指挥奇兵，信号则恰相反。训练队伍要循序渐进，从少数开始再逐渐增多。行军之前要做

好充分的准备。正攻要先发制人，奇攻
则后发制人。

将令第十九

将军受命，国君必须先在宗庙谋划，
然后在朝廷上执行。国君要亲自将斧钺
交给将军，并划分三军各自的指挥范围。
私自发号施令的要处死，延误战机的要
处死，违反命令的要处死。

踵军令第二十

踵军离大部队一百里，要事先约定
会合地点，准备好三天的粮食，先于大
部队出发。兴军在踵军之前行动，离踵

军一百里，预定好作战时间，准备好六
天的粮食，并派兵把守要害。部队有什
伍之分，根据需要有分有合，事先规定
好各自的责任。国内险要地形要分布在
四境之内，兴军和踵军一旦出发，除有
君王的符节，四境之内要禁止百姓通行。

5. 卷第五

兵教上第二十一

训练士兵要按照编制列队，不服从
命令者要论罪。训练好一伍的士兵，伍
长就有奖赏。一伍之内如有不奋力杀敌
者，则伍长要受罚。将领由不同的旗帜

区别，士兵由不同的徽章区别。战胜敌人要先树军威，树立军威要以战斗力为保证，而顽强的战斗力在于实施刑罚。

兵教下第二十二

国君要统治天下，扩大领土，威震天下有十二条法则：一是连刑，二是地禁，三是全车，四是开塞，五是分限，六是号别，七是五章，八是全曲，九是金鼓，十是陈车，十一是死士，十二是力卒。用兵有五条原则：为将忘家；逾垠忘亲；指敌忘身；必死则生；急胜为下。

兵令上第二十三

"兵者，以武为植，以文为种"，即治兵以武力为手段，以德为根本。文武兼备才能取得胜利。布阵时队伍以紧密为主，才能坚固，作战时以稀疏为主才便于取胜。行军布阵，队伍疏密都有一定的法则。国君将斧钺授予将领，将领就决定了战场上的生死。建立功勋就要受赏，违反命令就要受罚。

兵令下第二十四

大部队出发前，要派出部队在边境安营扎寨，设立哨所，听到大部队要出发，就要提高警惕，百姓禁止在大路上通行。凡是被派到边境的士兵要授予旗鼓戈甲。迟到上岗的和提前逃离的按军法处置。作战中不论是丢下将吏而逃的士卒，还是丢下士卒逃离的将吏，都要处斩。军队中记录的士卒名额要与实际人数相同。用法令禁止士兵逃跑是制胜之一；什伍相连，将吏和士兵互相援助是制胜之二；将立军威，卒能节制，号令严明，讲求信用，攻守皆得是制胜之三。

七、《三略》

（一）黄石公与《三略》

　　《三略》又名《黄石公三略》，是我国一部重要的军事著作，北宋时期被列为《武经七书》之一。

　　关于黄石公其人，据传言是秦始皇时期的五大隐士之一。书中有这样的记载：秦末年间，张良为报仇，曾经派人刺杀秦始皇，结果行动失败，隐居邳下。一日闲游，在桥上碰到了一位老者。老者

见他过来，故意把鞋扔到了桥下，让张良给他捡回来。张良开始很气愤，不过看到老人的样子，又觉得不忍心不帮忙，于是下河帮老人把鞋子捡上来。这时老人又让张良帮他把鞋穿上，张良一想反正都捡上来了，就帮他穿上吧。这时老人笑了。走了一段路，老人又返回来，对他说："孺子可教也，五天之后的黎明，在这里等我。"张良觉得老人并非常人，于是跪拜辞别。五天之后，张良来到桥上，没想到老人早到了。老人对他说："和老人相约，怎么能迟到? 五天之后再来吧。"说完就走了。五天之后，张良起早来到桥上，没想到老人又先到了。老人非常生气，又约好五天之后相见。这一次，张良半夜就到了桥上等待，没过多久，老人也到了。老人看到他提前来了，高兴地说："做人就应该这样。"然后，从衣兜里掏出了一本书对他说："看了这本书，你就可以作君主的老师了。再过十年，战事就会兴起，十三年之后，你会在济北见到我，黄石是我的化身。"说完，老人拂袖而去。张良如获至宝，天亮后打开一看，原来是一本兵书。十三年后，张良随刘邦路过济北，见到了黄石，收回家中供奉。张良死后，与黄石合葬在一起。

这个故事给《三略》蒙上了一层传奇色彩。

后代对于《三略》的作者，向来说法不一。有人认为是隐士黄石公所作，有人认为是周代姜太公所作，也存在其他说法疑是后人假托其名所作。这本书可谓之经典，历来影响很大，因此大家对黄石公也颇为崇拜。到了宋代，托黄石公之名的伪书大量涌现，反映出不同时代的不同思想，为后人研究古代兵法提供了珍贵的材料。

（二）《三略》的影响

《三略》一经问世，影响巨大，其中很多军事思想都值得后代兵家学习。因此，出现了大量注本。有宋施子美的《三略讲义》、明刘寅的《三略直解》等。

《三略》在中国的影响之大，使得它在海外也赢得了一定的地位。早在唐昭宗以前，《三略》就已经流传到日本，日本现存的古体手抄本和刻本的《三略》

很多。早期只有少数人方可一见，后来才广泛流传，而且目前最早的《三略》版本保存在日本。随着《三略》的影响不断在日本扩大，再加上流传时期正赶上日本战争频繁时代，因此，很多日本军事家也对《三略》进行了深刻的研究，一时著作如雨后春笋般涌现。如山鹿高祐的《三略谚义》《三略要证》、林道春的《黄石公三略评判》、若山直昌的《三略句解》等。

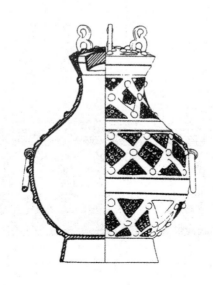

（三）《三略》的内容

1. 卷上上略

将帅治理军队，必须使英雄依附于他。与士卒同喜好，就不会有不成功的事业。与士卒同憎恶，就没有打不败的敌人。君主治理国家的关键在于得民心。国破家亡是因为失民心。

《军谶》上说："柔能制刚,弱能制强。"刚柔得当，强弱适宜，才能得到良好的效果。

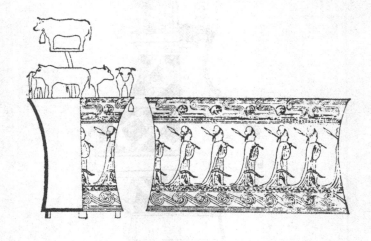

　　作战要随着敌情的变化来改变谋略，不要预先就规定战术，这样就可以安定四海。

　　《军谶》上说："能柔能刚，其国弥光，能弱能强，其国弥彰。"掌握"刚柔强弱"的配合，就能立于四海之内。

　　治理国家要倚仗贤士和民众。将贤士看做心腹，把民众看做四肢，骨节之间相互配合，一切就能顺其自然。治军和治国的要点是体察民心。"危者安之，惧者欢之，叛者还之，冤者原之，诉者察之，卑者贵之，强者抑之，敌者残之，贪者丰之，欲者使之，畏者隐之，谋者近之，谗者覆之，毁者复之，反者废之，横者挫之，满者损之，归者招之，服者居之，降者脱之。"获得坚守之地要守卫，获得险要之地要堵塞，获得难攻之地要屯兵，获得奖赏要分给士卒，获得土地要分封给有功之臣，获得财物要分给众人。要时刻观察敌人的动静，做好防御工作，并伺机攻打。作为君主要爱护子民，不误农时，减轻赋税，减少徭役。民众是国家的根基，民众依附，统治就可以实现。另外用兵之道还在于重礼厚禄。

《军谶》上说：将帅立威在于号令严明。要言出必行，赏罚分明。将帅身先

士卒，就可以号令天下。君主要重视贤明的人，不怀疑他们的谋略。将帅的计谋要保密，使间谍无计可施。士兵统一，军队就可以团结一致。迅速攻敌，就可以使敌人措手不及。"军无财，士不来。军无赏，士不往。"用兵打仗要先施恩于百姓。作战之前要先考察敌情。军队之内要防止百官结党营私，防止豪门贵族相互勾结。君主要重用贤人，避免奸臣掌权。

2. 卷中 中略

三皇不用言论而使教化流于四海，五帝时期，君臣让功使教化流于四海，三王以道制人，百姓信服。到了五霸时期，用礼信结交豪士。而一旦礼信不足，就会秩序混乱。

《军势》上说：将帅在外要有主见，不能全靠君主来命令。对于智、勇、贪、愚之士，要根据他们的不同特点来使用。不要使能言善辩之人极言敌人的优点，

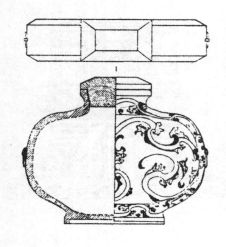

会动摇军心。军队中禁止占卜。重用义士不能用财物，义士不为不仁的君主死，智者不为愚昧的君主效力。

君主要以德治国，无德就会遭致群臣叛变，军队涣散。大臣无德，会使国家衰败。圣人治理国家，观察盛衰，揣度得失，而后设立制度。用心谋划以击破嫌疑，用奇兵破敌之阵。圣人能够体察天道，贤士能够观察地理，智者能够效法前贤。因此《三略》是为世道的盛衰而作。"'上略'说明要设礼赏，别奸雄，著成败。'中略'差德行，审权变。'下略'陈道德，察安危，明贼贤之咎。故人主深晓'上略'，则能任贤擒敌。深晓'中略'，则能御将统众。深晓'下略'，则能明盛衰之源，审治国之纪。人臣深晓'中略'，则能全功保身。"战争一旦结束，将士们班师回朝，此是君王存亡的关键。要通过爵位削弱将领的实力，通过分封土地来夺得他们手中的兵权，这是霸主的谋略。

3. 卷下下略

能够救国家于危难之间的人，就能保证国家的安全。能够攘除天下忧虑的人就能够享受天下的快乐。因此，广布恩泽于民众，就可以使贤人依附；广布恩泽于万物，就可以得到圣人的帮助。贤人归往可以使国家富强，圣人归往可以使天下统一。贤人从政，使人身体服从，圣人从政，使人心中信服。要想让百姓行为服从命令，就要教之以礼；要想使百姓从心理信服，就要教之以乐。用乐来愉悦人民的心情，使他们和谐统一。

凡是努力扩张领土的君主，就会荒废治理，只有努力广施恩泽，国家才会强盛。能够保全自己财产的君主，能够得到安定，贪爱别人财物的就会有所损失。教育别人要从自身教育开始，以身作则才能赢得天下的归顺。道、德、仁、义、礼，五者要融为一体，结合使用。君主

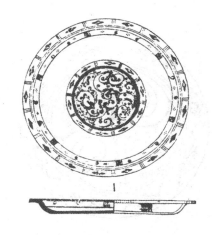

要善于识别贤愚，舍弃近处的愚臣，远求贤士来帮助自己。要奖赏好人，惩治恶人，国家就能安定，从而很多贤人会归顺。

君主和将领颁布法令，要以施善顺民，惩治恶人为主，上下才无怨。对待清白之士，不能用高官厚禄使其服从。对待节义之士，不能用严刑拷打来威胁。施礼以聘请清白之士，讲义以招纳节义之人。

圣明的君主出兵，并非所好，而是要"诛暴讨乱，以义诛不义"。君子的行为要时刻符合道义。要亲近贤臣，远离佞臣，否则会招致祸患。为有利于一人而伤害百人，百姓就会逃离城郭，有利于一人而伤害万人，国家就会面临离散。如果除去一人而利于百人，百姓就会仰慕恩泽。如果除去一人而利于万人，政治就不会散乱。